O PODER DO PERDÃO

COLEÇÃO PÃO DA PALAVRA

- *Boa-nova de Jesus*: introdução didática aos livros do Novo Testamento – João Luiz Correia Júnior e José Flávio de Castro Fernandes
- *Entrevista com Paulo Apóstolo*: uma porta de entrada para sua vida e missão – Carlos Mesters
- *Ler e compreender a Bíblia*: sugestões práticas – Rosana Pulga
- *Nosso Deus é o Deus da vida*: novos enfoques para uma leitura do Gênesis 1 a 22 – Serviço de Animação Bíblica (SAB)
- *Os carismas na teologia paulina*: serviço e testemunho – Rosana Pulga
- *O poder do perdão*: reflexões bíblico-pastorais – Domenico Salvador

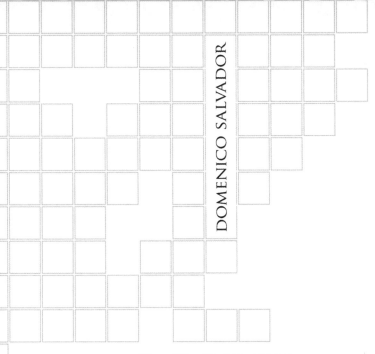

DOMENICO SALVADOR

O PODER DO PERDÃO

Reflexões bíblico-pastorais

*Perdoai-vos uns aos outros
como Deus vos perdoou em Cristo.
(Ef 4,32)*

Dados Internacionais de Catalogação na Publicação (CIP)
(Câmara Brasileira do Livro, SP, Brasil)

Pulga, Rosana
  O poder do perdão : reflexões bíblico-pastorais / Domenico Salvador. – São
Paulo : Paulinas, 2012. – (Coleção pão da palavra)

  ISBN 978-85-356-3260-6

  1. Perdão - Ensino bíblico 2. Vida cristã I. Título. II. Série.

12-08398   CDD-234.5
                                                                       -241.699

Índices para catálogo sistemático:
  1. Perdão : Ensino bíblico : Cristianismo   234.5
  2. Perdão : Ética cristã : Cristianismo   241.699

1ª edição – 2012

Direção-geral:	*Bernadete Boff*
Editora responsável:	*Vera Ivanise Bombonatto*
Copidesque:	*Monica Elaine G. S. da Costa*
Coordenação de revisão:	*Marina Mendonça*
Revisão:	*Equipe Paulinas*
Gerente de produção:	*Felício Calegaro Neto*
Assistente de arte:	*Ana Karina Rodrigues Caetano*
Projeto gráfico:	*Telma Custódio*

Nenhuma parte desta obra poderá ser reproduzida ou transmitida
por qualquer forma e/ou quaisquer meios (eletrônico ou mecânico,
incluindo fotocópia e gravação) ou arquivada em qualquer sistema ou
banco de dados sem permissão escrita da Editora. Direitos reservados.

Paulinas

Rua Dona Inácia Uchoa, 62
04110-020 – São Paulo – SP (Brasil)
Tel.: (11) 2125-3500
http://www.paulinas.org.br – editora@paulinas.com.br
Telemarketing e SAC: 0800-7010081
© Pia Sociedade Filhas de São Paulo – São Paulo, 2012

À ternura e força das mulheres.

*Gostaria de homenagear
a maravilhosa sensibilidade
e dedicação das mulheres
da Pastoral da Criança.
São todas mães e, muitas, avós ou até bisavós. Pelo
carinho em cuidar das crianças,
pela firmeza em acompanhar as mães
e familiares nas situações complicadas e,
mais ainda, pela coragem em enfrentar
os "machões" e as violências do ambiente,
percebi nelas uma extensão autêntica
da paternidade-maternidade de Deus.
Mulheres fortes, que sabem
criar verdadeiros milagres de vida.*

Minha gratidão
ao pe. Domingos Ferreira de Oliveira (in memoriam),
ao pe. Moacir Pinto e a Irmã Rosana Pulga, fsp,
pelo carinho e incentivo que me deram para expressar
e publicar esta minha experiência.

Obrigado, Mãe de misericórdia:
nos acolhestes como filhos na hora
em que matamos vosso Jesus.

Obrigado, Serva do Senhor:
a primeira a praticar a vossa última palavra
que nos deixaste como testamento,
"Fazei tudo o que Ele vos disser",
obedecendo ao Filho, pregado na cruz.

Obrigado, Modelo de maternidade:
na alegria geraste o menino Jesus;
pela espada de dor que transpassou vossa alma,
geraste todos nós.

Obrigado, Mãe de ternura:
na peregrinação terrestre acompanhai nossos passos
na fidelidade e nos fracassos,
seguindo vosso Jesus.

Obrigado, Mãe de todas as mães:
das filhas da Jerusalém terrestre,
gementes e chorosas por elas mesmas e pelos filhos.
Protegei todos nós com o manto cor de anil,
nos amparando no caminho do Inocente imolado
rumo à Jerusalém Celeste.

Obrigado, Porta do céu:
de braços sempre abertos intercedendo por nós
para nos introduzir no Paraíso convosco,
onde cantaremos e louvaremos eternamente
a infinita beleza do amor misericordioso
da Trindade Santa.
Amém.

SUMÁRIO

INTRODUÇÃO 11

1. DEUS PERDOA 19
As palavras de perdão no Novo Testamento 21
"Repreendo e educo todos os que amo" (Ap 3,19) 23

2. "AGORA NÓS VEMOS COMO NUM ESPELHO,
CONFUSAMENTE" (1COR 13,12) 26
Vivemos numa confusão social... 26
... e familiar 28
A condição humana 28

3. JESUS REVELA A MISERICÓRDIA DO PAI 32
Vinho novo em odres novos (Mt 9,17).
A renovação radical de Jesus 33
O nosso "Bom Jesus" e "Papai do céu" do povo sofrido 35
Deus é justo e fiel 36

4. O FILHO DO HOMEM ENCARNA
O PERDÃO DO PAI 40
Os crucificados da história e da vida – Como Jesus,
vamos carregar a nossa cruz 41
A verdadeira grandeza de Jesus e dos cristãos 43
O filho perfeito 45

5. "OLHARÃO PARA AQUELE QUE TRANSPASSARAM" (JO 19,37)..47

O perdão do Crucificado 47
A nova e verdadeira imagem de Deus...........................52
A transcendência da *kénose* 54
A ressonância humana...57
Necessidade e provisoriedade do perdão 60
"Caminhamos em novidade de vida" (Rm 6,4) 62
Os frutos do perdão 63

CONCLUSÃO..68

APÊNDICE 70

INTRODUÇÃO

O trabalho que apresento é fruto da minha experiência pastoral durante três anos de missão na periferia de Cariacica, município que pertence à área metropolitana da grande Vitória, capital do estado do Espírito Santo. A exposição tenta ser fiel a esta origem. Experiência e reflexão caminham lado a lado, quase num caminho paralelo em que se sustentam e iluminam reciprocamente. É uma metodologia que podemos chamar de especular, na qual a prática caminha paralela com a reflexão e a teologia ilumina a experiência. Às vezes esta ligação pode parecer uma mistura confusa, porém tentamos respeitar a complexidade da vida do povo, assim como as coisas acontecem. Procuramos praticar o que proclama um canto das Comunidades: "Quando a vida e a Bíblia se encontram, o povo começa a andar em rumos de liberdade, que fazem a história mudar".

Para entender as características destas reflexões, julgo oportuno apresentar duas justificativas. Elas explicam os limites desta contribuição, que não pretende desenvolver o amplíssimo tema do perdão, e sim mostrar algumas reflexões bíblicas, dando mais atenção ao Novo Testamento.

1. JUSTIFICATIVA METODOLÓGICA

Procurei na Teologia Bíblica a luz para orientar as reflexões estimuladas pelas experiências pastorais. A Teologia Bíblica[1] tem estruturas, metodologias e conclusões próprias, diferentes seja da teologia dogmática ou sistemática, seja da teologia espiritual ou mística. Ela busca o desenvolvimento histórico da revelação nas diferentes fases, não só nos aspectos doutrinais, mas muito mais nos existenciais. O Concílio Vaticano II, que considera a Revelação uma "comunhão" mais do que um sistema de ideias, declarou na Constituição Dogmática sobre a Revelação Divina:

> Este plano de revelação (*revelationis oeconomia*) se concretiza através de acontecimentos e palavras intimamente conexos entre si, de forma que as obras realizadas por Deus na História da Salvação manifestam e corroboram os ensinamentos e as realidades significadas pelas palavras. Estas, por sua vez, proclamam as obras e elucidam o mistério nelas contido. No entanto, o conteúdo profundo da verdade, seja a respeito de Deus, seja da salvação do homem, se nos manifesta por meio dessa revelação em *Cristo que é ao mesmo tempo mediador e plenitude de toda a revelação* (*Dei Verbum*, n. 2).

A Teologia Bíblica utiliza as aquisições do método histórico – crítico e das ciências bíblicas – no intuito de

---

[1] A respeito do sentido e do estatuto epistemológico da Teologia Bíblica, podemos afirmar que é aceita nos âmbitos acadêmicos como disciplina autônoma. A teologia bíblica procura usar todos os recursos das ciências bíblicas rumo a uma visão unitária. Por isso realiza sua identidade na convergência das várias teologias do Antigo e Novo Testamento. No esforço deste caminho, elabora sistematizações cada vez mais unitárias e unificantes, orientadas pela mediação do *logos* Cristo Jesus. O "chegar ao conhecimento da verdade" passa pelo "único mediador entre Deus e a humanidade: o homem Cristo Jesus" (cf. 1Tm 2,4-5). A Teologia Bíblica é essencial e estruturalmente Cristocêntrica.

(ou simplesmente procurando...) mostrar e demonstrar criticamente a continuidade da ação de Deus na vida da humanidade e as ligações escondidas que amarram eventos e concepções diferentes numa interpretação e compreensão propriamente teológicas da Bíblia. Valoriza, também, os momentos principais do desenvolvimento histórico da Revelação, apoiando-se nos textos litúrgicos e nas contribuições da espiritualidade atual. Buscando convergências temáticas, procura elaborar temas sintéticos. É, afinal, uma teologia fundamentalmente dialógica. Consiste, de fato, em entender o projeto de Deus autor da história da salvação e também inspirador literário da história narrada. A Teologia Bíblica pretende colher as intenções daquela "verdadeira pedagogia divina" que conduz a humanidade pelos caminhos da história sagrada, "nos quais enfim está latente o mistério da nossa salvação" (*Dei Verbum*, n. 15).

O Papa Bento XVI, na Exortação Apostólica pós--sinodal *Verbum Domini* (n. 31), reforça o valor da reflexão teológica da Bíblia: "O estudo destes sagrados livros deve ser como que a alma da sagrada teologia"; esta afirmação da Constituição dogmática *Dei Verbum* (n. 24) foi-se-nos tornando ao longo destes anos cada vez mais familiar.

O testemunho do Papa Bento nos confirma que vale a pena se debruçar sobre os Textos Sagrados para perceber o caminho de Deus na Vida e na História.

2. JUSTIFICATIVA PASTORAL

A experiência do perdão acompanha sempre a nossa caminhada de cristãos e, de maneira especial, a vida e o ministério dos presbíteros. Exemplo de atendimento ao sacramento da Penitência é o Cura de Ars, São João Maria Vianney (1786-1859), padroeiro dos párocos.

Além desta motivação, apresento dois âmbitos que estimularam a minha missão de padre e esta minha reflexão:

a) a experiência pastoral na periferia da Cariacica – ES;

b) os encontros com casais de segunda união.

a) Na periferia de Vitória – ES

Minha experiência pastoral na periferia da área metropolitana de Vitória-ES, no município de Cariacica, sobretudo nos três últimos anos, estimulou de maneira imprevisível – ousaria dizer "de maneira prepotente" – a minha reflexão sobre o perdão. A convivência permanente com sinais de violência extrema, o contato com os atingidos direta ou indiretamente pela violência, a necessidade de medir palavras e gestos para não prejudicar pessoas inocentes, aguçaram minha sensibilidade e afinaram minhas atitudes humanas e pastorais. Foram "pró-vocações" no sentido mais exato da palavra: atingiram minha mentalidade e minha fé, orientando-as para novos rumos.

Vivendo onde a violência é de casa (e muitas vezes, em casa), atendemos às inúmeras solicitações das vítimas, tentando enxergar juntos uma luzinha no fim do túnel, procurando caminhar com quem perdeu todo rumo na vida. Pessoas desanimadas, esgotadas, reprimidas ou deprimidas, revoltadas ou resignadas.

Os questionamentos mais pesados não eram a respeito de Deus, e sim a respeito das relações humanas.

Criminosos e vítimas se encontram e se desencontram todos os dias, vivem lado a lado. O que fazer? Será que devo perdoar? Como? Não consigo esquecer? É possível? E quando volta na mente, o que devo fazer?

Ficamos muitas vezes juntos, chorando e procurando, na Palavra de Deus, luz e consolo.

Certa vez, conversando com um grupo de mulheres, lembrei o ditado: "No coração de mãe sempre cabe mais um". Tive a ousadia (ou inconveniência) de perguntar: "O que vocês acham: no coração de mãe há lugar para o assassino do seu próprio filho?". As reações foram fortes e radicais. Uma senhora, que tinha perdido uma filha num acidente provocado por um motorista bêbado, falou: "Se a gente fosse mais santa, como Nossa Senhora...".

Muitas foram as vezes que presenciei casos em que filhas cuidam com amor e delicadeza do pai, ou do padrasto, ou de outros familiares doentes, que as tinham estuprado.

Posso afirmar: "Onde abundou o mal, triunfou a misericórdia" (Rm 5,20). Onde a ignorância, a brutalidade e as violências de todo tipo e tamanho (aliadas ao medo e à covardia da maioria) parecem invencíveis, aí brotam milagres de amor e de vida além de qualquer expectativa humana.

Assim, sinto-me devedor, no profundo do meu ser, a tantos irmãos e irmãs que confiaram na minha missão de padre e abriram meus olhos para entender um pouco melhor a realidade em que vivemos, mas, antes de tudo, as maravilhas da graça de Deus. A eles o meu profundo agradecimento, pois compartilharam comigo suas experiências mais íntimas, sempre interessantes e, às vezes, extraordinárias e surpreendentes. Invoco as bênçãos do Pai para que continuem amando e resgatando este mundo do pecado, em solidariedade com o nosso Salvador, para completar em nós a redenção (cf. Cl 1,24), preparando assim "novos céus e nova terra onde habitará a justiça" (2Pd 3,13).

b) Os casais de segunda união

O segundo âmbito é constituído por encontros e palestras com grupos e líderes de "Casais de segunda união". O diálogo é muito aberto e respeitoso, à procura de caminhos de paz no meio de tantas complicações da vida, da realidade e das leis. Aprendi muito nestas conversas, sobretudo a busca de sinais positivos, ainda que mínimos, para reconstruir vidas e famílias.

Em todos os encontros com casais de segunda união a conversa sobre o perdão sempre aparece e, muitas vezes, se torna central. As famílias trazem consigo sua situação ampla e, não raro, complicada em si mesma e também pelas influências do passado. A presença permanente ou periódica dos filhos das uniões anteriores estimula a prática constante de uma aceitação amorosa que constitui a base de uma autêntica educação. O compromisso pela vida das crianças e dos adolescentes deveria ajudar a superar os egoísmos individuais dos adultos, a fim de elaborar juntos um projeto comum a serviço de todos os filhos, sobretudo dos menores de idade.

Se o passado não for purificado, pode perdurar como carga pesada e esmagadora, cheia de lembranças perigosas e até venenosas, de resquícios, de mágoas pequenas ou grandes, que prejudicam o presente. Grande é a tentação de se fechar e se defender, como numa barricada, de fazer comparações e julgamentos, levando a uma existência de pessoas rancorosas e frustradas, magoadas e amarguradas, soberbas e arrogantes. São estas, entre tantas, as manifestações mais frequentes de um desequilíbrio existencial.

Neste contexto o perdão "evangélico" se torna a virtude indispensável, a ser continuamente praticada. Um perigo comum está na superficialidade, quando o perdão vira banal, pois não passa pela avaliação e discernimento sobre o mal realizado, mas fica ignorado, mascarado ou encobertado. Uma coisa é perdoar e esquecer, outra é fingir ou perdoar à metade ou em partes. É necessária uma profunda visão e prática cristã a respeito do passado para que seja iluminado à luz da fé, resgatado pelo perdão e superado rumo a uma nova família que manifeste a graça pascal da ressurreição.

Certa vez uma sábia senhora me confiou: "Se a gente não vive perdoando, não consegue levar nada em frente". Por isso, é indispensável educar para o perdão, superando as resistências pessoais e as dificuldades, para conseguir aquele amadurecimento evangélico que ajuda a purificar as relações humanas. É um processo de paciência e treinamento constantes, a fim de reconstruir a vida numa nova perspectiva, para que, aos poucos, a atual união se torne um projeto realizado, praticando os valores da fidelidade e da estabilidade conjugal. O que se precisa é o amor "generoso" no sentido etimológico de gerador de vida,[2] que se articula em múltiplas manifestações, plantando e gerando sementes de vida nova.

---

[2] "Generoso" vem do verbo latim *generare*, que significa gerar, com o sentido mais amplo, seja de gerar, seja de magnanimidade, nobreza. Afinal, significa: graça, gratuidade, criatividade.

Percebi ser muito interessante a dinâmica que desenvolvemos juntos nos encontros com estes casais. No começo, costumo propor o valor do casamento com a imagem sugerida por Dom Orlando Brandes, bispo de Londrina. Ele simboliza a espiritualidade familiar como uma mesa, cujo firme plano é a *Comunicação-Comunhão*, sustentada por quatro pilares: *Diálogo – Oração – Perdão – Ternura*. Pois bem, quando pergunto aos casais com qual dos pilares querem começar a palestra, sempre escolhem o *Perdão*. Todos concordam que, sem o perdão, a oração não tem valor, o diálogo perde sentido e a ternura vira uma forma de hipocrisia. Muitos reconhecem: "Se a gente tivesse aprendido a perdoar desde as primeiras dificuldades na primeira união, talvez hoje estivéssemos ainda juntos".

1. DEUS PERDOA

Quando tentamos esclarecer a ideia de perdão na Bíblia, logo encontramos várias dificuldades. O Antigo Testamento desconhece o conceito de perdão como virtude. No Novo Testamento raramente o perdão faz parte dos catálogos das virtudes. Daí a dificuldade de emoldurar o perdão como hábito, atitude ou virtude, pois aparece mais como ato ou como dom. Por causa disso, muitos autores preferem falar do perdão sem um lema próprio, e sim a partir da misericórdia de Deus.[1]

Além destas dificuldades conceituais, tanto o Antigo como o Novo Testamento não são inteligíveis sem as referências constantes e múltiplas ao perdão, que é com toda evidência um dos fios condutores que determinam o mundo e as relações entre Deus e as pessoas. "Algo aqui salta imediatamente à vista: no horizonte da Escritura, toda experiência de perdão se remete a Deus como último ponto referencial e primeiro analogado da explicação. Biblicamente falando, Deus é sempre protagonista do perdão."[2]

---

[1]   Veja, por exemplo: *Nuovo dizionario di teologia bíblica*. Roma, 1988.

[2]   RUBIO, Miguel. A virtude cristã do perdão. In: *Concilium*/204 (1986/2). Espiritualidade: O Perdão, p. 85.

O que mais desperta a nossa atenção é a generosidade com que Deus perdoa. Neste dom se revela toda a singularidade de Deus, que manifesta na sua infinita misericórdia um dos traços mais claros da sua identidade: "rico em misericórdia" (Ef 2,4; Sl 103,8), que inspirou a encíclica de João Paulo II, *Dives in misericordia*. A compreensão da misericórdia de Deus é progressiva na Bíblia, pois revela a cada geração (cf. Lc 1,50) traços novos e surpreendentes da misericórdia de Deus (desta característica divina). Esta generosidade é sinal e fruto daquela criatividade do Pai, que continuamente gera para a vida os seus filhos e filhas.

A língua hebraica reserva para Deus o mesmo verbo (*barah* = ארב) para designar seja o ato pelo qual Deus chama uma coisa nova e maravilhosa à existência, seja a justificação do pecador. O perdão é obra divina por excelência, análoga ao ato criador.

O Salmo 51,12 é um dos textos mais claros: "Cria em mim, ó Deus, um coração puro, renova em mim um espírito resoluto" (cf. Ez 36,25s; Jr 31,33; 32,39s). O perdão é uma energia nova e gratuita, que recria o que o mal e o pecado destruíram. Criação e criatividade, graça e gratuidade se unem, fazendo do ato do perdão a manifestação do poder de Deus. Todo o agir de Deus é marcado pela criatividade misericordiosa com a qual manifesta a perfeição absoluta do amor universal, que abraça a criação, colocando a natureza, o sol e a chuva a serviço de todos os filhos e filhas, sem distinção (cf. Mt 5,43-48; Rm 11,32).

Os contemporâneos de Jesus entendiam esta exclusividade de Deus e questionaram as palavras e a prática de Jesus em duas circunstâncias. A primeira aconteceu na cura do paralítico apresentado a Jesus numa maca: "Vendo a fé que tinham, Jesus disse: 'Homem, teus pecados são perdoados'. Os escribas e os fariseus começaram a pensar: 'Quem é este que fala blasfêmias? Quem pode perdoar pecados, a não ser Deus?'" (Lc 5,20s; cf., também, Mc 2,7). A segunda, no episódio da mulher pecadora: "Os convidados começaram a comentar entre si: 'Quem é este que até perdoa pecados?'" (Lc 7,49).

Na língua grega do Novo Testamento falta uma palavra equivalente ao hebraico "criar", embora o valor do perdão como nova criação atravesse (ou esteja presente em) todo o Novo Testamento, sendo dimensão integral da redenção.

Esta nossa tentativa de salientar a criatividade de Deus como fonte do perdão procura abranger, numa só perspectiva, a criação e a redenção, evidenciando a continuidade entre a Antiga e a Nova Aliança, pois o projeto é único na multiplicidade das manifestações e das etapas históricas, culminantes em Cristo Jesus (cf. Ef 1,3-10; Cl 1,12-20).

AS PALAVRAS DE PERDÃO
NO NOVO TESTAMENTO

Na língua portuguesa as palavras: *perdoar* e *perdão* vêm do latim *per-donare [amor exagerado, amor maior]*, com o mesmo sentido de doar = *donare*. Quem perdoa, doa/dá, pois não guarda ressentimento nem reage do mesmo modo quando recebe uma ofensa. O dom gratuito é o sentido profundo do perdão.

A ação de perdoar assume várias modalidades de acordo com as circunstâncias, a gravidade das ofensas e o tipo de relação que se estabelece entre as pessoas que estão envolvidas direta ou indiretamente.

Não temos a pretensão de fazer uma análise completa dos termos do texto grego do Novo Testamento, e sim oferecer algumas orientações para aprofundar a reflexão.

Encontramos os seguintes termos principais:[3]

- *Charízomai:* verbo que significa conceder a graça, usar benquerença, benevolência. Aparece 12 vezes com este sentido no Evangelho de Lucas e nas cartas paulinas. De fato, o perdão manifesta sempre a gratuidade e a criatividade: a graça transbordante.

- *Apolýo:* verbo que significa, ao pé da letra, absolver e, por isso: soltar, liberar, purificar. Aparece só 2 vezes, em Lc 6,37. Evidentemente, este verbo grego é muito usado com significados semelhantes, como: libertação, resgate, redenção. Nós nos limitamos ao sentido mais restrito.

- *Hiláskomai, hilastērion:* verbo e substantivo que significam: expiar, expiação; propiciar e propiciatório. É usado 6 vezes no sentido de perdoar. Tem clara referência aos ritos de propiciação e expiação do Antigo Testamento e, particularmente, à festa do *kippur*, o grande Dia da Expiação (cf. Lv 16). No Novo Testamento a adesão a Jesus na fé substitui esses ritos. Jesus, o Messias, é o instrumento e a oferenda da expiação, que reconcilia a humanidade toda com Deus: "Deus destinou Jesus Cristo a ser instrumen-

---

[3] Pesquisa fundamentada em *Le Concordanze del Nuovo Testamento*. Torino: Marietti, 1978. Esta ampla obra usa como referências as palavras do texto original grego do Novo Testamento.

to de propiciação por seu próprio sangue, mediante a fé" (Rm 3,25; cf. Hb 8,12; 1Jo 2,2; 4,10).

- *Aphiemi, aphēsis*: verbo e substantivo com o sentido de tirar os pecados, as dívidas; anistia, indulto, abono. Ao pé da letra, expressa os termos pouco usados: remitir, remissão dos pecados. É com certeza o termo mais comum para significar o perdão. Aparece mais de 150 vezes e está presente em quase todos os livros do Novo Testamento, especialmente nos Evangelhos Sinóticos e nos Atos. Este uso frequente é devido à pregação primitiva, que anunciava a remissão dos pecados como primeiro efeito do dom do Espírito Santo (Jo 20,22s; Lc 24,47; At 2,38). As outras palavras usadas salientam mais o lado positivo do perdão, reconciliação e união.

É interessante observar que no livro do Apocalipse nunca são usados termos de perdão. A nosso parecer, isso é coerente com o clima de confronto entre o projeto de Deus e o poder do Maligno, em que não cabe o perdão, pois é o antiprojeto de Deus, o sistema do pecado contra o Espírito.

"REPREENDO E EDUCO TODOS OS QUE AMO" (AP 3,19)

Certas passagens do Antigo Testamento parecem contestar a misericórdia de Deus e as mensagens do Novo Testamento. É uma impressão superficial, que precisa ser entendida à luz do projeto de salvação das duas alianças, as quais se complementam. A existência dos "castigos" revela três aspectos: a situação de pecado; o caminho que vê no castigo as consequências do pecado e leva à conversão; o rosto atraente e misericordioso do Pai.

As diferentes (e contrastantes) reações humanas diante do sofrimento são caracterizadas na carta aos Hebreus 12,4-11, valorizando textos do Antigo Testamento. Citando Provérbios 3,11, fala: "Meu filho, não desprezes a correção do Senhor, não desanimes quando ele te repreende, pois o Senhor corrige a quem ele ama" (Hb 12,5s; cf. Ap 3,19). E mais adiante: "Pelo contrário, se ficais fora da correção aplicada a todos, então não sois filhos, mas bastardos" (Hb 12,8). As fortes palavras lembram a imagem da videira em João 15,1-8. Os ramos secos/bastardos são os "duros de coração", os autossuficientes, que se separam da videira e, por causa disso, são cortados, lançados ao fogo e queimados. Todo ramo bom precisa ser podado e purificado para dar mais fruto. A poda é dolorosa, porém necessária. É um educativo ato de amor!

As ameaças do castigo estão em função da misericórdia para corrigir os filhos desgarrados. Quando todos os alertas se esgotarem, é preciso corrigir. Castigar dói ao Pai, porém é uma necessária terapia de choque, uma cirurgia divina. Um exemplo bíblico evidente é a maneira com que Deus fez tomar consciência ao rei Davi pelo crime contra Urias, como em seguida o corrigiu e perdoou (cf. 1Rs 12ss).

A matemática simbólica da Bíblia neste ponto é claríssima: a misericórdia se estende por mil gerações, enquanto o castigo, só até a terceira e quarta geração, como podemos ver no texto fundamental de Êxodo 34,6s e nas inúmeras citações paralelas, que expressam as qualidades de Deus. A proporção entre o castigo e a misericórdia é de 1/250! A correção e o perdão são duas atitudes do mesmo projeto de amor misericordioso de Deus. O salmista canta: "A ira do Senhor dura um instante, a sua bondade, por toda a vida" (Sl 30,6).

O teólogo Andrés Torres Queiruga esclarece: *"Por ser Pai de todos*, Deus preocupa-se com os 'pobres' perante os poderosos que os oprimem. Esta, e só esta, constitui a verdadeira raiz da ênfase bíblica – inclusive na forma inadequada da *ameaça* – na oposição de Deus ao pecado, porque representa a outra face de Deus pelo homem (neste caso, pelo homem que é vítima do outro homem)".[4]

Neste ponto, já Tomás de Aquino tinha afirmado com clareza: "Pois a Deus não o ofendemos por nenhum outro motivo que o de agir contra o nosso bem".[5]

Para superar a contraposição entre o Antigo e o Novo Testamento, é indispensável lembrar de que o próprio Jesus perdoa corrigindo a todos, sem poupar – segundo a necessidade – palavras fortes, gestos assustadores e alertas de eterno castigo, para reconduzir ao projeto do Pai os filhos e os grupos sociais desviados.

Na vida dos seguidores de Jesus, perdão e correção são duas atitudes diferentes, porém complementares, do mesmo amor, para construir juntos novas relações fraternas, na base do realismo, respeitando as diferenças pessoais e coletivas concretas rumo à comunidade ideal, como Lucas apresenta, sem ambiguidades, em Atos 4,32–6,11.

---

[4] QUEIRUGA, Andrés Torres. *Recuperar a criação*. São Paulo: Paulus, 1999. p. 270.

[5] *Non enim Deus a nobis offenditur nisi ex eo quod contra nostrum bonum agimus* (*Contra gentes*, III, 122). No Antigo Testamento foi anunciado em Jeremias 7,19: "Mas será a mim que eles ofendem? – oráculo de Javé. Não será a eles mesmos, para sua própria vergonha?".

2. "AGORA NÓS VEMOS COMO NUM ESPELHO, CONFUSAMENTE"
(1COR 13,12)

Muitas vezes temos a impressão de precisar daquele milagre de Jesus, quando curou o cego de Betsaida em duas etapas (cf. Mc 8,22-26). Como ele, temos dificuldades para enxergar "vendo as pessoas como árvores andando". Por isso pedimos que purifique constantemente o nosso olhar para ver com suficiente clareza no meio de tantas confusões. Isso nos lembra de que as trevas, as mentiras e as divisões vêm do diabo e que, na nossa peregrinação terrestre, o joio e a boa semente estão misturados (cf. Mt 13,24-30; 36-43).

VIVEMOS NUMA CONFUSÃO SOCIAL...

Os moradores das favelas ou das periferias metropolitanas vivem numa insegurança permanente, continuamente expostos a riscos e perigos. A violência está ali perto, bem na esquina. O ambiente humano manifesta as sequelas dos pecados pessoais e sociais. A natureza é degradada pelo descaso e abandono das autoridades e, também, pelas condições às quais os próprios moradores muitas vezes contribuem: invasões abusivas, moradias precárias, lixo espalhado por toda parte, falta dos mínimos cuidados de higiene e de saúde. Assim, as pessoas ficam fragilizadas pelas dificuldades e precariedades da vida, e se deixam facilmente iludir por belas promessas de rápidas soluções alternativas, interesseiras e propagandísticas, buscando saídas mágicas e/ou milagreiras. As forças ocultas se misturam, muitas vezes, com o sagrado e o demoníaco. Superstições, crenças de todos os tipos, seitas, movimentos fundamentalistas e espiritualistas, tendências da Nova Era e inúmeras religiões se confundem. O povo corre por todos os lados. O cenário aparece incerto e nublado: tudo é "misterioso", e o mundo parece guiado por energias que fogem ao controle humano e racional. A vida se apresenta como uma salada de mistérios. A busca do sentido da vida e as experiências de fé são percebidas como modalidades diferentes do que as costumeiras ou "normais" em outros ambientes e/ou grupos.

Neste contexto, os critérios de avaliação têm que ser diferentes. Por isso propomos nesta reflexão uma linha condutora que ajude a discernir entre as duas matrizes do "mistério" da vida e da realidade, as quais apresentam semelhanças superficiais, mas contrastam radicalmente. Caminhamos na penumbra da fé entre mistérios, porém, sempre confiantes na luz do Cordeiro imolado. Não é por acaso que o Apocalipse é o livro da Bíblia mais comentado, com todas as interpretações, desvios e acréscimos possíveis e imagináveis.

Visando a esta realidade, é importante salientar a fé em Deus criador, todo-poderoso e todo-amoroso ao mesmo tempo, para reforçar a convicção na bondade da criação. O mal é uma corrupção que acontece num universo que, em si mesmo, é "bom e completo" (Gn 1,1–2,4). Quantas vezes ouvi falar: "O Bom Jesus é o vencedor e está sempre conosco". Quem trabalha nestes ambientes desafiadores precisa fazer uma interpretação prudente e elaborar uma prática pastoral adequada e corajosa. O discernimento é o primeiro passo para caminhar juntos e evangelizar, construindo pessoas e comunidades eclesiais animadas pela força do Espírito, seguindo o Crucificado-Ressuscitado, em busca confiante de uma sociedade melhor, tendo em vista o futuro dos filhos e filhas.

... E FAMILIAR

Igual, e até maior, delicadeza necessita-se ter com os casais de segunda união e os familiares deles. Muitas vezes as situações parecem tão confusas que os próprios envolvidos não conseguem esclarecer a si mesmos a realidade. Com eles vale lembrar a palavra de Jesus: "É pela vossa perseverança que conseguireis salvar a vossa vida" (Lc 21,19). Vida que corresponde a "psique", no original grego. Confiando na graça de Deus e olhando para a frente, com a ajuda da Igreja e dos amigos, a vida destes casais pode encontrar novos rumos de paz.

A CONDIÇÃO HUMANA

Para continuar, vejo necessário aprofundar algumas características do perdão, sem nenhuma pretensão de tratar completamente do assunto.

Logo se percebe que a experiência do perdão fica na encruzilhada entre o bem e o mal. É um ponto "crítico" do conflito em que somos radical e permanentemente envolvidos e, por causa disso, atinge a vida do ser humano como tal, de todos os tempos, culturas, idades etc. Talvez seja "o problema crucial" da convivência humana, ou melhor, a situação em que se evidencia com mais clareza o limite da condição humana e a procura do bem e da verdade no meio das trevas, dos erros, do mal e da morte.

A parábola evangélica do joio e do trigo (Mt 13,25-30), com a explicação do próprio Jesus (Mt 13,36-43), esclarece como fé e incredulidade, bem e mal, crescem lado a lado neste mundo, mas também alerta contra as tentações de fáceis soluções pessoais ou históricas de detectar e tirar o joio, ao invés de caminhar na paciência e esperança, deixando a solução para os tempos escatológicos.

Nesta altura precisamos encaminhar certo entendimento a respeito do que é "o bem" e o que é "o mal". Supondo que não existe neutralidade, mistura ou insignificância em nível de conceito e de valores, acreditamos na revelação bíblica, que tentamos expor brevemente.

Os dois caminhos (Salmo 1)

A existência humana se orienta e se desenvolve ou, infelizmente, se desnorteia e autodestrói na escolha entre o bem e o mal. O apóstolo Paulo, falando da própria experiência em Romanos 7,14-24, convida cada um a olhar para si mesmo e para a sociedade, a fim de descobrir o drama que se desenrola dentro da condição humana. No caminho pessoal e/ou social passamos por momentos em que precisamos tomar uma decisão ou opção fundamental: a orientação global da vida. "Eis que hoje estou colocando diante de ti a vida e a felicidade, a morte e a infelicidade" (Dt 30,15; cf. 11,26). Estamos como que diante de dois "mistérios": o do bem e o do mal.

Nos limites da nossa reflexão, seguimos o texto bíblico (Gn 3,1-24), que procura explicar a origem do mal na pretensão humana de "Ser como Deus (ou deuses), conhecedor(es) do bem e do mal" (Gn 3,5), isto é, usurpar o lugar de Deus, decidindo o valor da realidade (bem e mal) e estabelecendo as normas por conta própria. A autossuficiência é a mãe de todos os males, que são apenas consequência dela, em especial a arrogância e a ganância.

Por isso, nos referimos à opção fundamental ou orientação global da vida de cada ser humano, da qual as escolhas particulares são, geralmente, o reflexo.

O bem consiste no *mistério* do projeto de Deus, que é um dom, uma graça tão profunda, bela e feliz, que nunca o ser humano consegue entender plenamente, mas, sim, experimentar aos poucos e progressivamente. É um abismo de luz! Assim nos mostra a carta aos Efésios 3,17s:

> Que o Espírito faça Cristo habitar em vossos corações pela fé. Enraizados e alicerçados no amor, de modo que consigais compreender, junto com todos os santos, a largura e o comprimento, a altura e a profundidade, e conhecer o amor de Cristo que ultrapassa todo conhecimento, para que sejais repletos de toda a plenitude de Deus.

A marca do mistério é a transparência da "graça e da verdade" em Cristo Jesus, que "revela a intimidade divina da Santíssima Trindade" (Jo 1,17s).

Ao contrário, o mal é escuridão e trevas. Em si mesmo, o mal não é inteligível: é impenetrável. É *mistério* em sentido negativo. Jesus crucificado disse: "Não sabem o que fazem" (Lc 23,34). O perdão supremo e absoluto de Jesus expressa também a "ignorância" de quem faz o mal, da qual é máximo símbolo a condenação e crucificação de Jesus. Trata-se do "mistério da iniquidade, que já está em ação" (2Ts 2,7) pelo Adversário, o Diabo, o Enganador, o Pai da mentira, o Satanás, o Príncipe das trevas e do mundo (em sentido joanino), contrário ao projeto de Deus (cf. Ap 20,2).

O mal, por si mesmo, não tem estrutura, pois é destruição. De fato, se apresenta como o bem disfarçado, mistura de interesses (*videtur caritas, sed est sensualitas*) (parece amor, mas é sensualidade), de intenções (boas) enfraquecidas, de concessões perigosas, de tentações enganadoras, de *des-ordem*, ausência, falta, vaidade/ vento/vazio, nada etc. Se na experiência humana os dois "mistérios" aparecem misturados e confusos, na revelação cristã encontramos luzes para discernir entre os dois e seguir o caminho da vida, como bem evidenciado pelo Salmo 1. O mal por si mesmo e em absoluto é indesejável; enquanto: *Bonum est id quod omnia appetunt* (O bem é aquilo que todos desejam). Não é possível desejar o mal como tal.

Resumindo: o Bem é Mistério pela infinidade do dom; o Mal, pela poeira que levanta.

3. JESUS REVELA A MISERICÓRDIA DO PAI

Nos Evangelhos, o anúncio e a prática do perdão ocupam amplo espaço. Jesus é o rosto da misericórdia do Pai. Coerente com a proclamação solene e atualizada do ano de graça do Senhor (Lc 4,19-21), Jesus testemunha a superabundância da bondade criativa do Pai a ponto de suscitar admiração e escândalo, como ele mesmo salientou e comunicou, respondendo aos discípulos de João Batista na prisão (Mt 11,4-6).

Se perdoar é competência exclusiva de Deus (como já vimos antes), o Pai entrega ao Filho todo poder. Não se trata de momentos ocasionais, e sim de uma constante na prática de Jesus: no caso da vocação de Levi (Lc 5,32), de Zaqueu (Lc 19,10) e, de maneira mais articulada, no caso da mulher pecadora (Lc 7,36-50), seguida por outras mulheres curadas (Lc 8,1-3).

A maneira como Jesus perdoa transforma profundamente a(s) pessoa(s), suscitando nela(s) uma real mudança para uma vida nova: da pessoa consigo mesma, das relações com os outros, a sociedade e o mundo. Tamanha graça do Pai desencadeia aquela conversão a Deus de todo o coração (Jl 2,12-18), que gera uma autêntica recriação.

Como já reparamos, o tema da conversão é central em Lucas, chamado o Evangelho da misericórdia. Nos encontros de Jesus com os pecadores, como nas parábolas da misericórdia (que são peculiares dele), Lucas mostra que o arrependimento muda o coração da pessoa, mas repercute também na vida social, superando preconceitos, discriminações etc. (Lc 7,41-50; 10,25-37; 15; 18,10-14; 19,110).

Privilegiando os não privilegiados, estendendo a graça a todos (samaritanos, leprosos, estrangeiros, cobradores de impostos, pecadores públicos, romanos etc.), Jesus quebra os critérios dominantes de valores (Lc 15,1-3). Frequentemente incompreendido pelos discípulos, é questionado, tentado, rejeitado e condenado pelos detentores do poder ideológico (escribas e fariseus), religioso e político (Herodes e os romanos), mas ele continua firme e fiel na missão de testemunhar o amor do Pai.

VINHO NOVO EM ODRES NOVOS (MT 9,17). A RENOVAÇÃO RADICAL DE JESUS

A extraordinária novidade de Jesus, o Filho do Homem, vai além do horizonte cultural da sua época, pois quebra os pressupostos da lógica humana "normal", que regula as relações inter-humanas, pelas regras do mais forte, da meritocracia (cf. a parábola dos trabalhadores na vinha, Mt 19,30–20,16), ou, no melhor dos casos, pela lei da reciprocidade, da relação direitos/deveres, da equivalência como norma da justiça.

O modo de Jesus ser justo consiste em testemunhar a misericórdia: como o Pai. O universo é transformado pela lógica do amor criativo, que vence todas as barreiras e não se deixa levar ou condicionar pelo comportamento dos outros. Por isso o Mestre enfrenta e corrige a Lei do Talião (Mt 5,39s; Lc 6,9s), desbanca os motivos da reação instintiva e até os princípios de comportamento considerados razoáveis. A lógica e a prática de Jesus são "para sermos perfeitos como o Pai celeste" (Mt 5,48).

Os ditados do povo refletem este espírito cristão: "A melhor vingança é o perdão" e "A reconciliação fala mais alto do que a reclamação dos direitos".

É necessário, neste ponto, esclarecer duas diferentes reações de Jesus diante do mal e das ofensas. Quando a sua pessoa era atingida diretamente ou era alvo de críticas, injustiças e violências, ele não reagia e, conforme a situação, questionava: "Por que me bates?" (Jo 18,22s). Quando, porém, precisava denunciar os abusos na "casa do meu Pai" (Jo 2,12-17), as hipocrisias, as injustiças e as violências de pessoas (Herodes e outros) ou grupos (escribas, fariseus, saduceus, romanos), defender o valor da Lei e do projeto de Deus, alertar contra os exploradores e o desprezo aos pequeninos, Jesus usou até o chicote e não poupou palavras fortes, chegando até a amaldiçoar, como, por exemplo, em Mateus 23 e 25. Estas atitudes de Jesus são atos de amor forte e de correções necessárias; mas também perigosas, pois podem ser mal interpretados, como, de fato, aconteceu com ele e acontece com as testemunhas da verdade: mártires e profetas. Assim entendida, a pessoa e a missão de Jesus Cristo são *a encarnação de Deus* no universo e na história humana.

O conhecido antropólogo René Girard[1] afirma com autoridade que o único na história da humanidade que

---

[1] René Girard (Avignon, França, 1923) é católico, como ele mesmo reconhece. Especialmente na obra *O bode expiatório* (1982) expõe a teoria mimética e o mecanismo da vítima expiatória, fundador de qualquer comunidade humana e

conseguiu superar a *teoria mimética* e propor a lei do amor aos inimigos, como consequência da lógica da criatividade, inserindo "o novo" no "sistema repetitivo", quebrando assim a espiral da violência (cf. Mt 5,38-42), foi Jesus de Nazaré.

O NOSSO "BOM JESUS" E "PAPAI DO CÉU" DO POVO SOFRIDO

Na realidade das periferias metropolitanas onde parece não existir lei alguma, onde a arrogância se aproveita do medo da maioria, onde quem pode mais ganha quase sempre, cria-se, paradoxalmente, uma situação que clama a Deus por uma justiça "alternativa", sendo que a humana funciona "mais ou menos" e, sobretudo, não defende o pobre e o fraco. A reação mais frequente é a indiferença, o angustiante "silêncio das vítimas", a tolerância passiva, o descaso e a desconfiança generalizada. Outros querem vingança ou vivem rancorosos, magoados e cheios de ressentimentos. Porém, neste caos, surgem no coração de muitos fiéis energias surpreendentes de bondade, de misericórdia e de autêntico perdão. São preciosas flores no deserto, verdadeiros milagres do Espírito.

Às vezes, nestas realidades sociais se criam condições radicais que, apesar das aparências, podem estimular reações criativas de amor para o perdão acontecer. E quantas vezes as mulheres se identificam com a Virgem dolorosa ao pé da cruz!

Eu vi muitas mães mostrar para os filhos o crucifixo, o presépio ou outras imagens de Jesus, dizendo: "Eis o

---

de qualquer ordem cultural. Na entrevista do *Estado de S. Paulo*, de 15/05/2005, afirma: "A vitória da cruz é a vitória do amor contra o ciclo de violência do bode expiatório".

Papai do céu!". Superando as picuinhas teológicas, me pergunto: "É um erro de identidade, ou estas mulheres apontam afetivamente para um único amor a mesma ternura?". Parecem realizar as palavras de Jesus a Filipe: "Quem me vê, vê o Pai" e "Eu e o Pai somos um!" (Jo 14,9; 10,30). É uma sensibilidade que expressa as esperanças e os anseios deste povo, que encontra na fé a luz e a força para prosseguir o caminho. A devoção a Nossa Senhora das Dores e ao Bom Jesus não é apenas consolo ou conformismo (como aparece nas expressões: paciência; foi Deus quem quis; Jesus sofreu e nós também temos que sofrer etc.), e sim uma força continuamente renovada para transformar em etapas de crescimento aquelas situações que, por si mesmas, seriam deprimentes.

O que emerge é "Não o Deus dos filósofos e dos cientistas, mas o Deus de Abraão, Isaac e Jacó, o Deus de Jesus Cristo", como afirmava, no seu "memorial",[2] Blaise Pascal, o cientista convertido de uma religião racional para a fé do coração. É um Deus Pai-Mãe, como anunciou do trono pontifício pela primeira vez o Papa João Paulo I; Deus que ama com mais ternura e firmeza que uma mãe, que consola, acaricia e amamenta, como profetizava Isaías com antropomorfismo ousado e sublime: 49,15s; 66,12s; cf. 54,1-10. É uma proposta inconcebível para o ser humano, pois é amor super-humano: verdadeiramente divino.

DEUS É JUSTO E FIEL

Jesus cobra dos seus discípulos uma justiça "maior" que a dos doutores da Lei e dos fariseus, como condição para "entrar no Reino dos céus" (Mt 5,20).

---

[2] PASCAL, Blaise. *Pensées*. Ed L. Lafuma, n. 913. Tradução nossa.

A justiça de Deus corresponde ao seu amor infinito, que se realiza perfeitamente na Comunhão Trinitária. Porém, na relação criadora de Deus com a humanidade não podemos exigir a mesma medida (equivalência). Por isso Jesus propõe um caminho progressivo: "Sede perfeitos como o Pai do Céu é perfeito", isto é, sede misericordiosos como o Pai do Céu. (cf. Mt 5,48)

A justiça humana corresponde aos limites da nossa natureza humana e às leis que regulam a liberdade em função da convivência entre iguais. Por isso é simétrica e vive em força da teoria mimética: olho por olho...

Poderíamos, assim, identificar dois tipos de ética: a ética de equivalência, que é a ética da justiça onde pesamos de maneira igual os direitos de uns e dos outros. E a ética da sobreabundância ou da transbordância, revelada pelo cristianismo, que é a ética do amor. Paulo desenvolve esta desproporção entre o pecado e o dom da graça nos capítulos 5 a 7 da carta aos Romanos: "Onde se multiplicou o pecado, a graça transbordou" (5,20).

O valor supremo que está em jogo é a fidelidade de Deus, a absoluta coerência entre o seu projeto, as promessas e sua realização. DEUS É FIEL! Fiel a si mesmo. Esta é a verdade, a veracidade e a identidade de Deus, custe o que custar, mesmo que seja a morte do Filho. A liturgia da vigília pascal proclama: "Para salvar o escravo, sacrificaste o Filho".

Por tamanha que seja a infidelidade humana, "Deus permanece fiel, pois não pode renegar a si mesmo" (2Tm 2,13; cf. Rm 3,3). A fidelidade manifesta a sua identidade. A revelação a Moisés: "EU SOU" (Ex 3,14) tem também este sentido de coerência de Deus consigo mesmo e com o seu projeto, que o Filho do Homem assume e leva à perfeição, como evidencia o Evangelho de João, sobretudo no capítulo 8.[3]

Paulo confirma tudo isso falando do povo Hebreu: "Os dons e a vocação de Deus são irrevogáveis" (Rm 11,29). Mas a frase tem alcance universal, "pois Deus encerrou todos na desobediência, a fim de usar misericórdia para com todos" (Rm 11,32).

Emerge uma surpreendente imagem de Deus "muito perto de nós" (cf. Oração eucarística V de Manaus) e da condição humana, a ponto que a *criação vira geração* e as criaturas humanas são verdadeiros filhos e filhas, embora o sistema mundano não reconheça esta realidade autêntica e profunda (1Jo 3,1-3). A nova criação assume o perfil de uma nova geração, de uma intimidade familiar com Deus e entre os seus filhos e filhas. Um testemunho claríssimo nos é oferecido por Paulo na sua perspectiva de fecundidade apostólica (Gl 4,9; 1Ts 2,7.11; 1Cor 3,2; 4,15) e, de maneira mais personalizada, na carta a Filêmon. Na prisão o apóstolo "gera o filho Onésimo" (Fm 10), a quem libera integralmente: seja do pecado, batizando-o, seja da escravidão social e econômica. Agora o velho escravo virou o novo irmão de Paulo e do velho patrão Filêmon.

A revelação bíblica é progressiva, partindo de um Deus impessoal e transcendente até um Deus que manifesta sua vida íntima como comunidade de Três Pessoas Divinas denominadas com termos relacionados

---

[3] Existe um paralelismo entre fidelidade – justiça (misericórdia) – verdade (veracidade), como argumenta Paulo em Romanos 3,3-7. Em Deus existe a *coincidentia oppositorum* (Nicolau de Cusa).

ao nosso universo vital e geracional: Pai, Filho e Espírito. O Filho é o primogênito de toda a criação (Cl 1,15) para conseguir a transfiguração escatológica de "Deus tudo em todos" (1Cor 15,28) no universo finalmente redimido.[4]

---

[4] Não consideramos as consequências negativas presentes na criação, que é o tema da CF 2011, pois o perdão *da* e *na* natureza tem também outras dinâmicas e precisa de aprofundamentos específicos, embora não separados. É muito interessante a comparação e a semelhança entre a criação toda e o feto (humano) em Romanos 8,22s.

4. O FILHO DO HOMEM ENCARNA O PERDÃO DO PAI

Para entender como Jesus Cristo é para todos o mediador do perdão do Pai, podemos seguir a linha de contemplação do hino cristológico do culto cristão, que Paulo recolhe em Fl 2,6-11. Nele é sintetizada a parábola do Filho do Homem, o novo Adão, em dois movimentos: descendente, para se identificar conosco, e ascendente, para nos levar ao Pai. Assumindo a nossa condição humana, carregou as nossas culpas: "Aquele que não cometeu pecado, Deus o fez pecado por nós, para que nele nos tornemos justiça de Deus" (2Cor 5,21). É a *kénose* (= esvaziamento) de Cristo, que renuncia à sua glória a fim de viver a vida humana, sofrendo todas as consequências do pecado. A força da virada para subir vem da obediência incondicional de Jesus à vontade do Pai: "até a morte, e morte de cruz" (Fl 2,8). Esta radical obediência ao Pai define toda a existência humana de Jesus. No Getsêmani, Jesus, caindo por terra, assim ora: "Abbá! Ó Pai! Tudo é possível para ti. Afasta de mim este cálice. Mas não se faça a minha vontade, e sim a tua" (Mc 14,36; cf. Mt 26,42; Lc 22,42). A ética de Jesus é, de fato, uma ética obediencial.[1]

OS CRUCIFICADOS DA HISTÓRIA E DA VIDA – COMO JESUS, VAMOS CARREGAR A NOSSA CRUZ

O povo das periferias vive numa situação de pecado, no sentido de que por todo lado é atingido pelas consequências familiares, sociais e ambientais da negatividade humana.

Não faltam casos de complexo de culpa em pessoas frágeis e escrupulosas que acham que as próprias fraquezas ou "pecados" podem causar doenças, fenômenos trágicos da natureza ou problemas humanos, como acidentes de trânsito etc. Mais comum é certo sentido de pecado em pessoas sensíveis e amadurecidas, que percebem como o povo sofrido carrega os pecados sociais da exploração, da exclusão e das enormes injustiças do sistema mundial, dominado pelos interesses dos poderosos. Sem excluir a própria parte de culpa e responsabilidade, eles arcam com o pecado deste mundo perverso e clamam a Deus por justiça. Confessam que são "muito pecadores" sem ter pecados, pelo menos graves. Este sentimento os aproxima à condição de Jesus: o inocente imolado.

Talvez já tenha passado o tempo em que a teologia da libertação conseguia criar uma consciência coletiva para levar os povos crucificados à descoberta do pecado do mundo (= sistema mundial perverso) e a uma luta

---

[1] Entre os inúmeros modelos de ética, a ética de Jesus é relacional, como aparece em todos os textos do Novo Testamento, tendo como princípio fundamental a relação obediencial ao Pai. É o mandamento do Amor, que se desdobra na relação primária com Deus Pai e, derivada, com os filhos/as de Deus: o próximo, tendo como finalidade última a reconstrução da família humana. Também a regra áurea em Mateus 7,12 é relacional, embora com tendência antropocêntrica.

pacífica. Em todo caso, muitos cristãos continuam vivendo esta conscientização e se identificam com os sofrimentos e a esperança de um novo dia, um novo céu e uma nova terra. Além ou aquém das teorias, o sofrimento continua e alimenta a espiritualidade da imitação de Cristo crucificado, da devoção à Mãe dolorosa e da memória de muitos mártires da América Latina e do Brasil. E quantas vítimas inocentes no meio deste povo! Eles podem fazer própria a oração da liturgia na Festa dos Santos Inocentes, celebrada intencionalmente no dia 28 de dezembro, logo após o Natal:

> *Ó Deus, hoje os Santos Inocentes proclamam vossa glória,*
> *não por palavras, mas pela própria morte;*
> *dai-nos também testemunhar com a nossa vida*
> *o que os nossos lábios professam.*

Nos encontros e vivências com casais de segunda união aparecem situações semelhantes.

O exemplo dos filhos, frutos das uniões anteriores e/ou atual, puxa muitas vezes o perdão dos pais. Pensando neles, precisam lembrar que nunca os filhos podem ser considerados como indiferentes ou neutrais, pois sempre percebem e, às vezes, sofrem as consequências das decisões dos adultos. Há bons filhos e filhas que perdoam, escolhendo a paz e o perdão para não repetir os ódios dos pais... E há os que jamais perdoam. Em geral as crianças perdoam e esquecem com mais facilidade do que os adultos. Como fala Pe. Zezinho: "É uma bênção conhecer filhas e filhos 'perdoadores', de longe mais maduros do que seus pais sedentos de vingança". Já ouvi pais afirmarem: "Meus filhos me ensinaram a perdoar!" e "Sem a paz que eles me transmitem, não teria conseguido sobreviver". Os filhos e filhas, vítimas inocentes do egoísmo dos pais e dos adultos, perdoando, quebram o círculo vicioso da perversidade para instaurar novas relações de amor e de graça.

As crianças e os pequeninos têm uma missão fundamental na lógica do perdão, pois perdoam "de coração puro". Já vimos crianças sorrir ao carrasco. Por isso, esquecer, descuidar ou, pior, escandalizar, explorar, torturar e matar os pequeninos merece o máximo castigo (cf. Mt 18,6-7.10).

A VERDADEIRA GRANDEZA DE JESUS E DOS CRISTÃOS

Jesus revoluciona os critérios humanos de avaliação e responde com um gesto parabólico à pergunta dos discípulos de todos os tempos e culturas: "Quem é o maior no Reino dos Céus?", colocando no centro uma criança, símbolo dos "pequenos", dos "pobres no espírito":

> Naquela hora, os discípulos aproximaram-se de Jesus e perguntaram: "Quem é o maior no Reino dos Céus?". Jesus chamou uma criança, colocou-a no meio deles e disse: "Em verdade vos digo, se não vos converterdes e não vos tornardes como crianças, não entrareis no Reino dos Céus. Quem se faz pequeno como esta criança, esse é o maior no Reino dos Céus. E quem acolher em meu nome uma criança como esta, estará acolhendo a mim mesmo" (Mt 18,1-5).

No Reino todos os fiéis serão filhinhos do Papai do Céu, e esta será a verdadeira grandeza. É interessante notar que o evangelista Mateus transmite este ensinamento no início do "sermão da comunidade", como exigência fundamental das relações entre os seguidores de Jesus.

Os adultos e velhos decepcionados pela vida, descrentes nas tantas mensagens vazias, céticos a respeito das novidades e, às vezes, cínicos ou até "safados", precisam voltar ao seio da mãe, como Nicodemos (cf. Jo 3,4-8), para renovar a força do Batismo, a fim de se converterem em crianças: condição indispensável para entrar no Reino do Pai. Esta insistência de Jesus encontra na evolução humana dele mesmo o modelo absoluto. Ele é o Filho totalmente fiel ao Pai desde os primeiros sinais de maturidade, aos 12 anos no Templo. Em seguida, nas teofanias do Batismo e da Transfiguração recebeu o agrado do Pai, crescendo na obediência até entregar o Espírito no momento da morte na cruz (cf. Hb 5,8; Fl 2,8). A obediência livre e fiel caracterizou toda a existência de Jesus e amadureceu a evolução da sua consciência humana. Pela obediência guardou a simplicidade e a confiança de criança, enquanto crescia em sabedoria, tamanho e graça (cf. Lc 2,40.52).

"O Filho de Deus, Jesus Cristo [...] nunca foi 'sim' e 'não', mas somente 'SIM'" (2Cor 1,17), pela totalidade de uma resposta "responsável" à vontade do Pai. Em Jesus se realiza a harmonia entre os valores das crianças e a plena maturidade humana, evitando os limites de ambas as condições, como Paulo alerta a todos (cf. 1Cr 14,20; Ef 4,12-20).[2] O povo expressa assim este difícil,

---

[2] É fácil a tentação do "infantilismo espiritual", que é uma forma de criancice religiosa. Certas interpretações da vida de Santa Teresa do Menino Jesus favorecem estes desvios.

44

porém maravilhoso, equilíbrio: "Coração de criança com cabeça de adulto".

Quantas vezes nós, adultos, olhamos com admiração e inveja as crianças que sabem perdoar e esquecer as ofensas recebidas, voltando à amizade com simplicidade de coração! Aqueles gestos parecem um sinal residual da inocência original. Nem sempre nem todas as crianças testemunham esta graça, porém o perdão é a atitude e a prática mais comum entre os "pequeninos" de todas as idades (cf. Mt 18,2-5).

O FILHO PERFEITO

No horizonte da vida de Jesus entendemos melhor a sua insistência em propor as crianças como modelo de acolhida do Reino do Pai. Afinal, Jesus é o inocente condenado que perdoa, é "a criança" que cresceu no amor ao Papai, até o ponto de entregar sua vida nos braços dele. Com uma imagem ousada podemos dizer: "Jesus é a criança do Papai do céu, tão obediente que merece não só o agrado do Pai, e sim conseguir a unidade perfeita: 'Eu e o Pai somos um'" (Jo 10,30.38; 14,10s), levando a humanidade à total intimidade com a Trindade Santa: "Em Jesus habita corporalmente toda a plenitude da divindade" (Cl 2,9).

Jesus chama o Pai de "Abbá" (Mc 14,36), que era a palavra familiar, correspondente ao nosso "Papai" ou "Paizinho". Os Evangelhos só usam este termo nesta passagem de Marcos, mas foi demonstrado que todas as vezes que Jesus dizia "Pai" na sua oração, era este vocábulo que saía dos seus lábios. O evangelista Marcos relata o momento dramático da existência terrena de

Jesus no jardim (ou no horto) das Oliveiras na iminência da paixão, quando pede ao Pai duas coisas: a libertação da morte e, mais ainda, o dom da vontade do Pai: "*Abbá*, Pai! Tudo é possível para ti. Afasta de mim este cálice! Mas seja feito não o que eu quero, porém o que tu queres". Quanta intimidade e ternura entre Jesus e o Pai nesta invocação! Ele se dirige ao "Abbá" com a mesma confiança que todos, crianças e adultos, clamam e invocam "Mamãe", "Mainha", no momento de extremo perigo. Para Jesus, o *Abbá* é tudo mesmo![3]

A obediência filial ao Pai é a "chave de ouro" que abre e revela as etapas do crescimento da consciência humana de Jesus até a plena maturidade, que coincide com a doação total ao Pai. Doação, que se identifica com o perfeito amor agápico. Aqui estamos no cume do mistério do amor de Deus revelado em Cristo Jesus.[4]

A carta aos Hebreus 5,8-9 expressa sinteticamente estas maravilhosas conexões: "Jesus, mesmo sendo Filho, aprendeu o que significa a obediência por aquilo que ele sofreu; e, levado à perfeição, tornou-se causa de salvação eterna para todos os que lhe obedecem".

A obediência de Jesus é humanamente impensável, porém torna possível o impossível humano. Jesus Cristo é o verdadeiro Isaac, tipo de todos os filhos na fé (Gn 22,2). Nisso é fundamentada toda a graça, gratuita e criativa, que renova o universo.

---

[3] À mesma expressão "*Abbá*, Pai!" recorre outras duas vezes no Novo Testamento, em Romanos 8,15 e Gálatas 4,6, sugerindo a todos os seguidores de Jesus (filhos no Filho) igual intensidade de relação com o Pai.

[4] O problema da consciência humana de Jesus foi esclarecido no Concílio de Calcedônia (ano 451) e está sendo aprofundado pelas cristologias contemporâneas.

5. "OLHARÃO PARA AQUELE QUE TRANSPASSARAM"
(JO 19,37)

A profecia de Zacarias (12,10) anuncia o ponto final e mais alto da redenção realizada no Crucificado transpassado pela lança (Jo 19,37), que se torna o começo da conversão universal: "Vede! Ele vem com as nuvens e todo olho o verá – como também aqueles que o transpassaram. Todas as tribos da terra baterão no peito por causa dele. Sim. Amém!" (Ap 1,7).

O povo cristão sempre interpretou o valor salvífico universal do Crucificado, colocando a cruz nos pontos mais altos das montanhas e das construções humanas.

O PERDÃO DO CRUCIFICADO

A insistência em proclamar a obediência de Jesus até a "morte na cruz" revela o ponto final de um crescimento contínuo da fidelidade radical do Filho à vontade do Pai. A obediência se manifesta simultaneamente como a prova suprema de amor, pois único é o desígnio do Pai. Jesus tinha anunciado: "Não há amor maior do que aquele que dá a vida por seus amigos" (Jo 15,13), pois para ele não existem inimigos. Até o traidor Judas Iscariotes é chamado de "amigo" (Mt 27,50) no momento em que o entrega.

Estas duas profundas motivações – a obediência filial ao Pai e a extrema solidariedade humana – convergiram na "hora de Jesus". A energia unificante é "O Espírito do Senhor", donde vem a encarnação com todas as consequências. Se a solidariedade humana pode ser perigosa até querer "precipitar Jesus", a confiança no Pai e a força do Espírito o levantam. O evangelista Lucas antecipa e evidencia em Nazaré o drama que sempre acompanhou Jesus e se manifestou plenamente no mistério pascal (Lc 4,16-30).

No caminho para o Calvário (= lugar da caveira), o evangelista da misericórdia (Lc 23,26-47)[1] abre perspectivas impensáveis de luz para cada encontro do Condenado: com Simão de Cirene, com as mulheres de Jerusalém, com os dois malfeitores e com os soldados romanos. Mas é na cruz que entendemos o valor divino e humano do perdão de Jesus. Lucas recolhe três palavras de Jesus na cruz: pelos culpados, "Pai, perdoa-lhes, porque não sabem o que estão fazendo" (23,34); ao ladrão, "Eu te asseguro que hoje estarás comigo no paraíso" (23,43); para si, "Pai, em tuas mãos entrego o meu espírito" (23,46). "A primeira e a última começam de forma igual: Pai! Revelação de um mistério que nos sobrepuja. Tinha dito que 'ninguém conhece quem é o Pai a não ser o Filho e aquele a quem o Filho quiser revelá-lo' (10,22); agora

---

[1] Seguimos mais o relato da paixão segundo Lucas.

o faz, em sua capacidade de perdoar, porque agora está sendo 'compassivo como o Pai'" (6,36).[2]

A crucificação manifesta ao ponto extremo "a vossa hora" do acirramento do "poder das trevas" (Lc 22,53) contra o Filho do Homem, que "não fez nada de mal" (v. 41), e da ignorância humana, pois "não sabem o que estão fazendo" (v. 34). Mais que uma denúncia, esta palavra de Jesus manifesta a compreensão divina da fragilidade humana, quase uma desculpa.

Numa página comovente,[3] Carlos Mesters interpreta assim os sentimentos de Jesus:

> Diante do Pai, Jesus se fez solidário com aqueles que o torturavam e maltratavam. Era como o irmão que vem com seus irmãos assassinos diante do juiz e ele, vítima dos próprios irmãos, diz ao juiz: "São meus irmãos, sabe. São uns ignorantes. Perdoa. Eles vão melhorar!". [...] *Este gesto incrível de humanidade foi a maior revelação do amor de Deus.* Jesus pode morrer: "Está tudo consumado!". E inclinando a cabeça, entregou o espírito (Jo 19,30).

A última (e, de certa maneira, a primeira) obra-prima absoluta da misericórdia divina de Jesus é a salvação garantida ao ladrão arrependido. A cena começa com o diálogo entre os dois malfeitores crucificados: um à direita e outro à esquerda de Jesus, como em lados contrapostos. O ladrão, colocado na tradição à esquerda, insultava Jesus: "Não és tu o Cristo? Salva a ti mesmo e a nós!". O outro repreendia o colega: "Nem sequer

---

[2]   BÍBLIA DO PEREGRINO. Paulus, 2000. Comentário a Lc 23,34-46.

[3]   MESTERS, Carlos. *Convergência*, abr. 2008, p. 237. O destaque é nosso.

temes a Deus, tu que sofres a mesma pena? Para nós, é justo sofrer, pois estamos recebendo o que merecemos; mas ele não fez nada de mal".

No Calvário, Jesus é o centro discriminante da humanidade, sinal de contradição (Lc 2,34s), juiz universal (Mt 25). O "mau ladrão" representa quem está só preocupado com a própria salvação e, por isso, provoca e insulta Jesus, sem se questionar e converter. O "bom ladrão", ao contrário, representa todo aquele que se coloca diante do mistério da vida, do impacto entre o bem e o mal, e teme a Deus. Reconhece merecer o sofrimento, começa o caminho da conversão e, virando o olhar para o Inocente condenado injustamente, "acrescentou: 'Jesus, lembra-te de mim quando chegares ao teu reino'. Jesus lhe respondeu: 'Eu te asseguro que hoje estarás comigo no paraíso'" (Lc 23,43). A palavra de Jesus resgata uma existência errada, recria uma vida e a leva consigo ao "hoje" de Deus. O Paraíso começa com o ladrão arrependido!

JESUS PERDOA COMO O PAI

Jesus agora pode perdoar como o Pai. O primeiro fruto é garantido ao ladrão, que representa todos os pecadores. Aquele que veio ao mundo recebendo "o Nome de Jesus, pois ele vai salvar o seu povo dos seus pecados" (Mt 1,21), cumpriu a missão até o fim. Agora "grita com voz forte: 'Pai, em tuas mãos entrego o meu espírito'. Dizendo isso, expirou" (Lc 23,46).

A entrega à morte por amor gera a exaltação, que representa o outro lado da Cruz. "Por isso Deus o exaltou acima de tudo e lhe deu o Nome" (Fl 2,9). Agora Jesus é a perfeita imagem do Pai, pois "nele habita corporalmente toda a plenitude da divindade" (Cl 2,9). Ele é tanto o "preço do nosso resgate", como "primícias" (1Cor 15,20); é o "dispensador", com o Espírito Santo, dos frutos da redenção.

A liturgia interpreta o mistério pascal da paixão, morte e ressurreição de Jesus como o decisivo duelo entre a vida e a morte, a luz e as trevas, o bem e o mal, que se realiza no Filho bem-amado, que sai vitorioso como *O Senhor da Vida*. Aceitou a inimizade e a eliminou: "... por meio da cruz matou a inimizade" (Ef 2,16). A carta aos Hebreus expressa a solidariedade libertadora de Jesus: "Como os filhos têm em comum a carne e o sangue, também Jesus participou da mesma condição, para destruir com a sua morte aquele que tinha o poder da morte, isto é, o diabo" (Hb 2,14).

O nosso povo vê no Crucificado o Papai do céu e, também, se identifica com as dores e a paixão de Jesus. A Sexta-Feira Santa é o dia mais sagrado para muitos cristãos e a participação na procissão do Cristo morto é o compromisso religioso mais importante do ano. Depois vem o "sábado de Aleluia", com sinais e manifestações nem sempre conformes à liturgia, mas significativos para a religiosidade popular, como a malhação do Judas e semelhantes traidores do povo, a entrega às farras, as comidas tradicionais etc.

Além destas formas de participação, uma profunda espiritualidade sustenta muitos fiéis, que interiorizam a união ao Crucificado e amadurecem frutos de graça para lutar contra o mal fazendo o bem e, sobretudo, perdoando.

Assim reza um canto popular, que exprime em síntese os valores do perdão: "Senhor, muito obrigado por me ensinares a perdoar, pois o perdão me purifica e me faz ressuscitar". Jesus é invocado como mestre e senhor do perdão. Aprendendo a perdoar, nos dispomos a receber o perdão, e esta dupla ação purifica a existência toda, tornando eficaz a ressurreição. O processo de purificação já começa no momento em que o pecador orienta seu coração para dar o dom do perdão ao irmão. Isso abrange a vida pessoal, familiar, comunitária e social de tal maneira que, sem o perdão, não existem relações humanas e cristãs autênticas e construtivas. O povo sente esta necessidade de entrar no horizonte divino da graça, onde experimenta uma vida de comunhão fraterna profundamente marcada pela misericórdia de Deus.

A NOVA E VERDADEIRA IMAGEM DE DEUS

As palavras e atos de perdão de Jesus na cruz desafiam qualquer lógica humana. Paulo apresenta o contraste: "Dificilmente alguém morrerá por um justo; por uma pessoa muito boa, talvez alguém se anime a morrer. Pois bem, a prova que Deus nos ama é que Cristo morreu quando éramos ainda pecadores" (Rm 5,7s). Além disso, Jesus perdoa na "hora" e no meio de tormentos mortais. Mas é na intercessão ao Pai pelos seus assassinos que o Filho do Homem supera os nossos entendimentos. A vítima se torna o defensor dos criminosos! Não passou pelo coração manso e humilde de Jesus (Mt 11,29) nenhum sinal de reação ou ressentimento, e sim só amor e compaixão. O Pai e o Filho se identificam num único ato de misericórdia infinita, que só pode ser divina.

O perdão oferecido ao "bom ladrão", irmão de sofrimento, coroa o sacrifício da cruz e abre para toda a humanidade as portas do paraíso.

O poder da cruz (cf. 1Cor 18–31) muda a imagem de Deus, pois revela um *Deus total e incrivelmente solidário* até a morte, com a nossa condição humana e com toda a criação condenada pelo pecado (Rm 8,22).[4] É uma solidariedade que ultrapassa as expectativas e perspectivas da nossa inteligência, pela qual a cruz é escândalo e loucura (1Cor 1,23).

No perdão se manifesta a infinita diferença dos pensamentos e atos de Deus em *relação aos* nossos. Assim já profetizava Isaías em 55,79, anunciando os tempos messiânicos:

> Cada um se volte para o Senhor, que vai ter compaixão, retorne para o nosso Deus, imenso no perdoar.[5] Pois os meus pensamentos não são os vossos pensamentos, e vossos caminhos não são os meus – oráculo do Senhor. Pois tanto quanto o céu está acima da terra, assim estão os meus caminhos acima dos vossos e meus pensamentos, distantes dos vossos.

O ato de perdoar sem medida testemunha com clareza deslumbrante a transcendência de Deus.[6]

Mas é em Cristo que o amor ultrapassa todo conhecimento e opera em nós infinitamente mais do que podemos agir ou pensar (cf. Ef 3,19-21).

---

[4] A CF 2011 aprofunda esta necessidade de entender o valor ecológico da redenção.

[5] A TEB (Tradução Ecumênica da Bíblia), Loyola, 1994, comenta: "Verbo duplamente importante: 1) ele só aparece uma vez em Isaías; 2) é sempre empregado tendo Deus como sujeito. Já marcamos a exclusividade deste verbo; veja *barah*". Este trecho faz parte do Convite final do Dêutero-Isaías, no livro da Consolação.

[6] A *Bíblia do Peregrino*, cit., comenta em Efésios 2,4 a expressão "Deus, rico em misericórdia". Variação e aplicação livre da definição clássica de Deus no Antigo Testamento (Ex 33,19; 34,6; Jl 2,13; Jn 4,2; Sl 86,15; 103,8). Rico em misericórdia (*rab hésed*), amor (*rahum*), favor (*hanum*), bondade (*tub*).

A confissão do centurião romano expressa o sentido da vida e da morte de Jesus: "Vendo como Jesus tinha expirado, disse: 'Na verdade este homem era *filho de Deus*'" (Mc 15,39; Mt 27,54). Em Lucas (23,47), "o centurião glorificava a Deus, dizendo: 'Certamente este homem era *justo*'". As diferenças entre os Evangelhos Sinóticos podem ser entendidas à luz dos diferentes destinatários. Proclamando que Jesus é *justo*, o centurião confessa que ele é inocente (como Pilatos em 23,4.14.22). Lucas evita o sentido equivocado que poderia tomar nos lábios de um pagão o termo *Filho de Deus*, que Marcos e Mateus aqui relatam. O que impressiona o funcionário pagão do Império é a maneira como Jesus "vive" a morte. Só Deus pode amar assim! A finalidade inabalável à vontade do Pai torna Jesus o Senhor da vida e o vencedor da morte para sempre.

A TRANSCENDÊNCIA DA *KÉNOSE*

Na *kénose*, a semente morre e brota na Glória ao Pai e na ressurreição dos amigos-irmãos (cf. Jo 12,24).

A *kénose* do Filho do Homem, condenado ao suplício infame da cruz, abre perspectivas da "humildade de Deus", que somos incapazes de compreender. É um abismo luminoso infinito, uma transcendência "para baixo". É a contemplação da "profundidade" do amor de Cristo" (cf. Ef 3,18s), que "feito por pouco (tempo) inferior aos anjos, nós o vemos coroado de glória e honra, por ter sofrido a morte" (cf. Hb 2,9). O Altíssimo se faz o Baixíssimo.

Os nossos fracassos humanos, as derrotas mais pesadas e humilhantes, os piores desastres, as existências totalmente "perdidas" não são comparáveis à condição de Jesus crucificado. É assim que nele brilha uma nova luz deslumbrante da divindade.

Trata-se de uma situação contrária àquela considerada pela Teodiceia tradicional, por exemplo, de Leibniz, que procurava justificar a existência de Deus, apesar da existência do escândalo do mal.[7]

A lógica da misericórdia de Deus cria uma situação inversa. O escândalo é o perdão de Deus, um Deus crucificado, enquanto a nossa lógica racionalista prevê o contrário. As forças das trevas não conseguem ser infinitas, porque o amor de Deus é ir sempre além: *Deus sempre maior!*

A crítica moderna à religião, fundamentada no pensamento de Ludwig Feuerbach (1804-1872), é radicalmente superada, pois a cruz desbarata qualquer concepção da divindade derivada da projeção dos ideais humanos. É, de fato, impensável para a razão humana idealizar um Crucificado, transformando-o em Deus, ao qual submeter a própria vida. O ateísmo de Marx, Nietzsche e Freud, chamados os três "mestres da suspeita",[8] não

---

[7] Cf., entre tantas publicações: ESTRADA, Juan Antonio. *A impossível Teodiceia*: a crise da fé em Deus e o problema do mal. São Paulo: Paulinas, 2004 (original espanhol de 1997). A obra trata da impossibilidade de justificar racionalmente o mal mediante o postulado do Deus todo-poderoso e criador. O questionamento é: como resolver o problema do mal. A proposta-Cristo é a práxis do Amor total.

[8] Paul Ricoeur, em *O conflito das interpretações* (1969), chama assim estes pensadores porque levantaram dúvidas sobre o valor teórico e prático da religião e, de modo especial, do cristianismo. Os três, levando a dúvida para dentro da fortaleza cartesiana da consciência, criticaram os sistemas religiosos que se apoiavam nas justificativas racionalistas e em antropologias dualistas. Para Marx não é a consciência que determina o ser, mas é o ser social que determina a consciência; para Nietzsche, a consciência é a máscara da vontade de poder; para Freud, finalmente, o EGO é um infeliz submisso aos três patrões

resiste à proclamação de Jesus Cristo, que revela na íntima unidade entre a Cruz e a Ressurreição o amor infinito de Deus e o supremo testemunho de esperança para a humanidade.

O Cristo crucificado é o fermento mais desalienante (= libertador) da história (cf. Ap 12,11). Nos liberta de todas as representações, ideias, ilusões, imagens erradas e falsas de Deus, de todas as tentações de idolatria. O Papa Bento XVI afirma, com autoridade, na encíclica *Spe salvi:* "No Cristo Crucificado a negação das imagens erradas de Deus é levada aos extremos. Agora Deus revela o seu Rosto exatamente na figura do sofredor que compartilha a condição do homem abandonado por Deus, carregando-a sobre si".[9] *Ao transpassado pela lança todos olharão* (Jo 19,37; Zc 12,10; Ap 1,7), *pois atrai tudo a si* (Jo 12,32.34; 3,14; 8,28). O Crucificado se torna, assim, o anseio absoluto da criação e o alvo de toda esperança humana.

Jesus já havia preparado os discípulos para o escândalo final. Começou com João Batista, continuou com os fariseus e contava às multidões parábolas surpreendentes em que o Pai perdoa até antes do arrependimento. Perdoou a mulher adúltera (Jo 8), a pública pecadora (Lc 7) e acolhia publicanos e pecadores.

No discurso sobre o pão da vida, Jesus já tinha provocado uma opção de fé: "Isso vos escandaliza? Que será

---

que são o "ID", o "SUPEREGO" e a "Realidade ou Necessidade". A fé cristã supera a fortaleza da consciência do *Cogito* e do dualismo cartesiano, pois tem uma visão unitária do ser humano, que concorda mais com antropologias de cunho personalista, como o próprio Paul Ricoeur tentou no curso de um longo caminho de profunda reflexão.

[9] Carta encíclica *Spe salvi*, n. 43.

então quando virdes o Filho do Homem subir para onde estava antes?" (Jo 6,62). Anunciava, assim, o escândalo maior. Nem adiantou avisar aos discípulos na iminência da prova, durante a última ceia: "... todos sereis escandalizados" (Mt 26,31ss; Mc 14,27ss; Jo 16,1). Somente o Espírito de Deus permite ao homem superar o escândalo e a loucura da cruz, reconhecendo no Crucificado a suprema sabedoria e o autêntico poder de Deus (cf. 1Cor 1,23.25.29; 2,11-16; Gl 5,11).

A RESSONÂNCIA HUMANA

A liturgia proclama: "Ó Deus, que mostrais vosso poder, sobretudo no perdão e na misericórdia. Ó Deus, que de modo maravilhoso nos criastes e mais maravilhoso nos salvastes!".

As experiências extremas provocam às vezes uma reação de "ou vai ou racha". É notório como nos campos de extermínio nazista muitos entraram "crentes" e saíram ateus, enquanto outros entraram ateus ou indiferentes e fizeram uma profunda experiência religiosa, como, por exemplo, Victor Frankl, Etty Hillesum e tantos outros.

Atitudes semelhantes acontecem nas degradadas periferias metropolitanas.

Quantas mulheres violentadas acolhem o filho! As situações são delicadas, pois mexem com as raízes da vida. As formas e os níveis de violência são inúmeros. As tentações de abortar, de aceitar a gravidez por resignação, por medo ou por fatalismo são fortes e insistentes. O isolamento dos familiares e vizinhos, o preconceito dominante e a miséria em todos os sentidos marginalizam muitas mães. A caminhada da aceitação e do perdão pode ser longa e tortuosa. Mas, se os homens falham, "Deus escreve direito por linhas tortas!", como nos ensina o famoso ditado popular.

Já ouvi testemunho destes sentimentos: apesar e além das fraquezas e maldades humanas, o filho é sempre de Deus. A lei da vida ganha sobre a violência. Por trás das aparências horrorosas, opera uma força divina. Este neném é a minha salvação!

A fé no Papai do céu e no Crucificado que perdoa faz brotar vida onde as violências a destruíram. Além das aparências humanas, realiza-se a palavra de Jesus aos sumos sacerdotes, aos anciãos, aos doutores da Lei e aos fariseus: Os publicanos e as prostitutas vos precedem no Reino de Deus (Mt 21,31s).

O perdão dessas mães é heroico e resgata a humanidade delas e de todos os envolvidos.

Dois testemunhos

Conhecemos muitos exemplos de perdão, pois as situações humanas são inumeráveis. Entre tantos, apresento dois testemunhos marcantes.

O primeiro é inspirado pelo exemplo do Papa João Paulo II, que sofreu o atentado a 13 de maio de 1981 e visitou na cadeia o responsável, Ali Agca, oferecendo-lhe o perdão. O testemunho evangélico do Papa confirma a coerência com as mensagens da encíclica *Dives in misericordia* ("rico em misericórdia") que ele mesmo tinha publicado uns meses antes, no dia 30 de novembro de 1980. Visando às implicações entre a justiça humana e o perdão, assim comenta Paul Ricoeur:

Precisamos distinguir entre amor e justiça. Esta última é entendida como uma espécie de igualdade, no sentido de que a vida do outro vale tanto quanto a minha. O amor supera este tipo de equivalência, enquanto reconhece a vida como um dom, uma Graça. O perdão se coloca na encruzilhada entre amor e justiça, mas não abole a justiça. O episódio do atentado ao Papa João Paulo II é exemplar. O Papa foi à prisão para levar o perdão ao seu agressor, mas não interferiu nas regras da justiça.[10]

O atentado ao Papa transformou-se num maravilhoso testemunho da ressurreição. João Paulo II reforçou na sua missão universal e nos documentos a manifestação da misericórdia de Deus para com toda a humanidade. Não só ofereceu o perdão, mas também pediu perdão pelas "páginas negras" da história da Igreja. Este grande Papa, proclamado santo pelo "povão" logo depois da sua morte, deixa uma herança inesquecível da misericórdia divina.

O segundo testemunho é um dom precioso recebido na minha experiência pastoral. Relato os acontecimentos usando nomes fictícios.

No setor leste da paróquia, os conflitos são particularmente violentos. Dona Ermita Maria é umas das moradoras mais antigas. Chegou ainda nos anos 1960, vindo do interior de Minas Gerais com cinco filhos e o marido. Uns anos depois, o marido a abandonou e ela soube criar os filhos, que já saíram de casa e casaram ou se juntaram. Agora vive sozinha e está muito doente, quase sempre acamada, recebendo uma mínima aposentadoria, visitas e ajuda dos parentes e assistência dos

---

[10] Entrevista publicada no semanal italiano *Famiglia Cristiana* 29/2003, p. 83. Tradução nossa.

vizinhos, especialmente das mulheres da Pastoral dos Doentes da Comunidade Eclesial (de Caçaroca). Ela fala sempre que está com 90 anos, mas já perdeu a conta.

Durante um dos frequentes tiroteios, que envolvem também cidadãos inocentes, foi baleado Rogério, filho de Cacilda, uma das mulheres que assistem dona Ermita. Nas falas do povo foi apontado como culpado o Walas, um dos netos de dona Ermita. Ao saber disso dona Cacilda, já abalada pela morte do filho, caiu numa angústia maior ainda, em depressão. Parou de visitar dona Ermita por um tempo, depois resolveu voltar.

Conversando em particular, me confiou: "Afinal, a vovó não tem culpa e eu quero continuar dando assistência a ela, que não sabe nada do que aconteceu. Jesus cura as nossas feridas, de nós que pecamos contra ele. Assim a gente pode fazer um pouco a mesma coisa. Quando fico ao lado da Ermita e cuido dela, imagino que Jesus pregado na cruz está no nosso meio. Ele nos perdoa e nós também precisamos nos perdoar uns aos outros. Isso me dá muita paz".

Participando destes tesouros de graça na nossa igreja, como ganha sentido quando cantamos juntos de todo o coração: "Perdoai, ó Pai, as nossas ofensas, assim como nós perdoamos a quem nos tem ofendido. Se eu não perdoar a meu irmão, o Senhor não me dá o seu perdão, eu não julgo para não ser julgado, perdoando é que serei perdoado".

NECESSIDADE E PROVISORIEDADE DO PERDÃO

O perdão é uma etapa no caminho de cada ser humano e da humanidade toda, pois o ponto final é a paz, a festa, a felicidade. Jesus, prometendo o Paraíso ao ladrão arrependido, nos ensina que todos os atos do perdão de Deus levam para a Páscoa eterna, a nova Jerusalém. As três parábolas da misericórdia do capítulo 15 de Lucas se concluem com a festa: do pastor e da mulher com amigos e vizinhos, e do pai com os dois filhos e os empregados. O importante é ter encontrado o que estava perdido.

No pensamento judaico o arrependimento e a conversão vinham como pressupostos para conceder ao pecador a esperança da graça. Na prática e no ensinamento de Jesus nem sempre é respeitada esta ordem. O perdão às vezes precede o arrependimento. É puro dom, pois da graça nasce a conversão.

Na parábola do filho pródigo, ou melhor do Pai misericordioso, o filho mais velho é mesquinho e calculista. Não aceita o convite do Pai a participar da festa, porque não tinha entrado na dimensão do amor gratuito. Ele representa os fariseus de ontem e de todos os tempos, que pretendem medir o amor de Deus (cf. Lc 15,2).

Mais interessante, ainda, é a dupla dinâmica no perdão da mulher pecadora em Lucas 7,36-50. Assim falou Jesus ao fariseu Simão que o tinha convidado: "Por isso eu te digo: os muitos pecados que ela cometeu estão perdoados, pois ela mostrou muito amor. Aquele, porém, a quem menos se perdoa, ama menos" (v. 47). Parece existir uma incoerência: a mulher ama muito, porque lhe perdoaram muito; ou foi-lhe perdoado muito, porque amou muito? Em outras palavras: o amor da mulher precede ou segue o perdão? Sem decidir qual das duas linhas seja o principal no fato narrado por Lucas, com certeza ambas as dinâmicas têm valor aos olhos de Deus, rico em misericórdia. A graça está agindo no pecador também antes que ele chegue ao arrependimento e à conversão: "Tu não me procurarias, se não me tivesses já encontrado".[11]

A sabedoria preventiva faz parte integrante do amor total do Papai do céu!

"CAMINHAMOS EM NOVIDADE DE VIDA" (Rm 6,4)

A mentalidade cristã é fruto da conversão, que traduz a palavra grega *metánoia* e que significa a radical mudança na maneira de pensar, de julgar e de sentir, gerada pela adesão a Cristo. Esta "nova criatura" não aceita as fáceis divisões do maniqueísmo entre o bem e o mal, os otimistas e os pessimistas, que levam às discriminações de todos os tipos e às inúmeras formas de racismo (cf. Gl 3,28). Vivemos num mundo de pecadores transformados, transformáveis pela misericórdia de Deus. Na nossa situação de peregrinos terrestres, o perdão é elemento indispensável para criar nos lugares e nos tempos da história aquelas condições concretas de amor fraterno, sem as quais é simplesmente impossível conviver e que tornam possível a adesão à causa do Reino. Nós sonhamos um ambiente humano, rico de compreensão e de paz, construído por homens e mulheres perdoados--perdoadores, filhos e filhas do Pai misericordioso.

A vivência familiar e comunitária do perdão abre perspectivas novas, apontando para uma antropologia que contempla o ser humano a partir de um realismo com esperança. Precisa, de fato, analisar e encarar a realidade e a fragilidade humana com competência e

---

[11] PASCAL, Blaise. *Pensées*, n. 553; Ed L. Lafuma, n. 919.

coragem, sem perder a Esperança teologal, que "nunca decepciona" (Rm 5,5).

A fácil tentação de quem se acha "sem pecado" e, por causa disso, em condição de julgar e arrancar o joio é condenada por Jesus (Mt 13,24-30). Paulo, fazendo eco às palavras e à prática de Jesus, nos alerta: "Não te deixes vencer pelo mal, mas vence o mal pelo bem" (Rm 12,21).

A reflexão de um autor contemporâneo comenta: "O bem não irá governar o mundo no dia em que vencer o mal, mas sim no dia em que nosso amor ao bem não pretenda mais realizar-se como triunfo sobre o mal. Quando a paz vier, ela não será criada pelos que se fizeram santos, mas sim pelos que com humildade aceitaram sua condição de pecadores".[12]

OS FRUTOS DO PERDÃO

É difícil perceber e medir os frutos de "verdade e graça" gerados pela virtude e prática do perdão no íntimo dos corações das pessoas. Esta força divina cria canais secretos e abertos, que transmitem novidade de vida, produzindo sementes de transformação familiar, comunitária e social. Deus transborda em nós seu amor infinito, e nós compartilhamos o nosso amor limitado. Por isso só Deus conhece as profundas dinâmicas e os imensos frutos do perdão. A prática constante faz do perdão uma virtude que podemos chamar de "teo--antropolgal", pela complexidade das relações e pela

---

[12] Andrew Bard Schmookler (da escola de K. G. Jung), em *Die Schattenseite der Seele Wie man die dunken Bereiche der Psyche in die Persönlichkeit integriert*. Munique, 1993. Cit. em: GRUEN, Anselm. *Convivendo com o mal*. Petrópolis: Vozes, 2003.

profundeza divina do dom. É testemunho claríssimo do Deus-amor.

A experiência do perdão purifica a nossa maneira de olhar a vida e a realidade toda. É como um colírio que transforma e reforça o nosso olhar humano e a nossa perspectiva terrestre ou "carnal" num olhar de fé, tornando os nossos olhos penetrantes, além das aparências, semelhantes à visão de Deus.

Quantas vezes os pobres e as vítimas deste povo sofrido, faminto e sedento de justiça, estes mansos evangélicos, me evangelizaram, transmitindo pérolas de sabedoria cristã, maravilhosas intuições de fé sobre a realidade e, sobretudo, raios da misericórdia divina sobre as situações humanas e as pessoas.

Apresento, agora, algumas simples considerações, estimuladas pela vivência no meio do povo, seguindo três níveis.

Nível relacional

O pecador que perdoa (pois somos todos pecadores) melhora a si mesmo e renova a vida toda. O ato de perdoar de coração coloca o pecador-perdoador numa atitude semelhante à criatividade divina. Fazendo o homem à imagem e semelhança dele, Deus o cria antes de tudo criador (cf. Gn 1,26-27). De fato, o perdão, para que seja autêntico, precisa ser oferecido com generosidade, que é uma manifestação característica da criatividade.

Às vezes as pessoas, os grupos e as instituições custam e demoram a reconhecer os próprios erros e a perdoar a si mesmos. As vítimas e os ofendidos podem cair na tentação ou na ilusão de não precisar de perdão e, por causa disso, de se fechar na própria condição. Apesar das dificuldades, a abertura à misericórdia de Deus é indispensável para completar a dinâmica da reconciliação. A relação com Deus e com o próximo ajuda a conseguir esta última etapa do círculo virtuoso da misericórdia e construir a paz universal.

O perdão envolve todo o ser e o agir, reconstruindo a estrutura pessoal de quem perdoa, pois o leva à recuperação da inocência. Somente quem é ou procura ser inocente, sabe e pode perdoar de verdade. Esta inocência é batismal, no sentido que faz "o homem velho" nascer de novo (cf. Jo 3,4-7) para recuperar a graça perdida por causa do pecado e encaminhar "o novo homem" para a felicidade escatológica dos novos céus e nova terra (cf. 2Pd 3,13).

De outro lado, só o inocente entende a realidade e a gravidade do pecado, como insinuado pela palavra de Jesus: "Quem não tiver pecado, atire a primeira pedra" (Jo 8,7).

Nível religioso e eclesial

Em todas as religiões existem propostas e práticas de perdão, pois todas procuram purificar a humanidade do mal e anunciar a paz. Sem querer fazer comparações, nós, cristãos, agradecemos a Deus pela misericórdia revelada em Cristo e continuada na Igreja pela prática e pelo sacramento da Reconciliação. O sacramento da Confissão ou Reconciliação está passando por uma grave crise, seja nos sacerdotes confessores, seja nos fiéis, por causa, sobretudo, das tantas e profundas mudanças culturais, chamadas "mudança de época". Esta situação deveria estimular todos a buscar novos caminhos daquela paz prometida por Jesus ressuscitado na primeira aparição aos discípulos (Jo 20,19-23). Ressoa cada dia mais alto a preocupação de Paulo: "Em nome de Cristo, vos suplicamos: reconciliai-vos com Deus". O ministério da reconciliação é confiado por Deus aos "embaixadores" (chamados "presbíteros" ou padres), verdadeiros ministros do perdão de Cristo (2Cor 5,20).

À luz de experiências tão marcantes, eu mesmo reconheço que a minha prática pastoral no atendimento às pessoas e no sacramento da Confissão se tornou mais compreensiva e solidária. Às vezes nossos fiéis lamentam certa rigidez e moralismo nos ministros do perdão e nas diretrizes da Igreja. Sinto ser importante e urgente orientar a nossa missão pastoral para que seja mais samaritana e acolhedora: uma Igreja que se aproxima da humanidade ferida, "acolhe os pecadores e come com eles" (Lc 15,2).

A meu ver, uma atenção especial precisa ser dada aos *casais de segunda união*, considerando a realidade da ruptura matrimonial, sem perder os valores da fidelidade e da estabilidade, em vista de um projeto futuro de família feliz. Estes casais em segunda união conseguem ter uma vivência cristã, superando muitas barreiras. Pedem à Igreja maior atenção para a situação deles, a fim de serem compreendidos e acolhidos na comunhão eclesial em perspectiva de serem aceitos na comunhão eucarística. Às vezes questionam: "Cadê o perdão da Igreja?". Precisamos dar valor ao caminho de vida e de fé destes cristãos, que constituem uma porção numerosa no meio do povo de Deus.

Nível universal e cósmico

O perdão cristão vai além, também, das várias possíveis terapias médicas, psicanalíticas, psiquiátricas, psicológicas ou parapsicológicas de remoção etc., pois procura utilizar os destroços do passado, as cicatrizes da vida e todas as experiências, para construir uma nova realidade. Os acontecimentos e as experiências – incluindo as mais problemáticas, difíceis e sofridas – são valorizadas pela força daquele amor que perdoa, que reza pelos perseguidores, que faz o bem aos que odeiam e presta ajuda aos inimigos (cf. Mt 5,43-48; Lc 6,27-36). Só assim o perdão realiza a Boa-Nova, que consiste na atualização da ressurreição e dá a força de retomar o caminho. É atitude integrante daquela transformação cósmica que "faz novas todas as coisas" (Ap 21,5) e prepara a nova Jerusalém messiânica, eterna e universal, já anunciada por Isaías na sublime profecia do banquete no monte (2,2-3; 25,6-9 etc.) e contemplada na visão final do livro do Apocalipse 21,9–22,5.

"Deus, tudo em todos" (1Cr 15,28) é aquele sonho definitivo da história humana com Cristo e em Cristo, que o povo expressa cantando assim:

És, Senhor, o Deus da Vida, és a Festa, és a Dança,
no banquete de tua casa, somos povo da Aliança.

CONCLUSÃO

Gostaria de concluir comentando a regra importante da vida nova em Cristo dada em Efésios 4,32: "Sede bondosos e compassivos, uns para com os outros, perdoando-vos mutuamente, como Deus vos perdoou em Cristo", com a *imagem simbólica das mãos.*

Nós confiamos em Deus, que sempre está disposto a nos oferecer seu perdão, e seguramos nas mãos este dom precioso. Para continuar a recebê-lo devemos oferecer este dom aos que nos têm ofendido. Enquanto abrimos as nossas mãos para perdoar, elas se tornam disponíveis a receber de novo o perdão do Pai. Segurando o dom de Deus, estamos prontos para renovar a graça de perdoar, criando assim *o círculo virtuoso da misericórdia* de filhos e filhas agradecidos, que recebem o perdão e o dão para continuar a recebê-lo.

E o povo sempre lembra o ditado: "Mãos fechadas permanecem vazias".

O exemplo insuperável deste dinamismo é o Cristo Jesus, como esclarece o mais antigo hino cristológico conhecido, relatado em Filipenses 2,6-11:

> Ele, existindo em forma divina,
> não considerou como presa a agarrar

o ser igual a Deus,
mas esvaziou-se a si mesmo,
assumindo a forma de escravo
e tornando-se semelhante ao ser humano.

A generosidade de nosso Senhor Jesus Cristo abre mão dos seus privilégios divinos para nos enriquecer por sua pobreza (cf. 2Cor 8,9).

Jesus, modelo perfeito de amor e de perdão, está sempre à nossa frente, não para nos julgar, e sim para nos animar a seguir o seu caminho da generosidade dinâmica de receber e dar. O cristão está e se sente sempre endividado com Deus. No espírito da Boa-Nova esta condição o leva ao agradecimento a Deus e ao compromisso de perdoar, pois "de graça recebestes, de graça deveis dar!" (Mt 10,8). Quem entra no Reino recebe o perdão por pura graça e tem de viver em *puro agradecimento*. É este o clima vital permanente do cristão.

APÊNDICE

Na Oração ou Prece atribuída a São Francisco, encontramos uns exemplos de autêntico perdão. É uma oração muito conhecida, de profunda inspiração cristã. Apareceu na França em 1912 e é chamada *Prece de São Francisco*, pois expressa a espiritualidade franciscana.

Senhor:
Fazei de mim um instrumento de vossa Paz.
Onde houver Ódio, que eu leve o Amor,
Onde houver Ofensa, que eu leve o Perdão.
Onde houver Discórdia, que eu leve a União.
Onde houver Dúvida, que eu leve a Fé.
Onde houver Erro, que eu leve a Verdade.
Onde houver Desespero, que eu leve a Esperança.
Onde houver Tristeza, que eu leve a Alegria.
Onde houver Trevas, que eu leve a Luz!

Ó Mestre, fazei que eu procure mais:
consolar, que ser consolado;
compreender, que ser compreendido;
amar, que ser amado.

Pois é dando, que se recebe,
perdoando, que se é perdoado e é
morrendo que se vive para a vida eterna! Amém.

Tentemos uma breve análise estrutural.

A Prece é dividida em três partes, bem coordenadas entre si, para conduzir o fiel a viver a relação com o Deus da Vida, construindo um mundo de Paz e Bem.

A primeira parte apresenta oito situações negativas, que podem ser superadas pela Boa-Nova do Príncipe da Paz, de quem somos instrumentos para criar energias positivas e colocá-las em prática. Afinal, é a lógica da graça e da gratuidade, que passa pelo nosso testemunho.

A segunda parte visa às três atitudes do discípulo, fiel ao Mestre. Fundamental nelas é tomar a iniciativa, se aproximar, sendo fonte que sempre jorra (Jo 4,14).

Na terceira parte são colocados os três graus do amor oblativo, prometendo os frutos "escatológicos", quer dizer, visíveis com os olhos da fé, na perspectiva do Cristo Ressuscitado. Viver a vida eterna desde já, dá aquela profunda paz interior que Jesus garante (Mt 11,28s: o repouso, o descanso). O morrer consiste na identificação com Cristo crucificado, fazendo da própria vida um dom, para manifestar a Vida, que, desde já, é eterna (cf. 2Cor 4,10ss).

Impresso na gráfica da
Pia Sociedade Filhas de São Paulo
Via Raposo Tavares, km 19,145
05577-300 - São Paulo, SP - Brasil - 2012